EXAMEN

DU BUDGET

PROPOSÉ

PAR LE MINISTRE DES FINANCES,

POUR L'ANNÉE 1817.

Quid verum atque decens curo et rogo et omnis in hoc sum.
HORAT.

Par l'auteur des *Considérations sur l'organisation
sociale*, imprimées à Paris chez Migneret en 1802.

PARIS,

J. G. DENTU, IMPRIMEUR-LIBRAIRE,

rue des Petits-Augustins, nº 5 (ancien hôtel de Persan.)

FÉVRIER. — 1817.

AVANT-PROPOS.

J E discute depuis long-temps toutes les parties de notre législation. Les évènemens ont prouvé qu'elle est la source de nos désordres, et qu'elle ne peut se concilier avec la paix de l'Europe. Je me suis particulièrement attaché à montrer les vices de notre système administratif et financier.

On ne devait pas s'attendre que les hommes de la révolution eussent la pensée d'améliorer le sort du peuple français ; je devais ainsi me borner, jusqu'au moment de la restauration, à faire connaître les causes de nos malheurs ; mais dès que le Souverain légitime fut rendu aux vœux de ses sujets, je me hâtai d'indiquer les moyens de rétablir la prospérité du royaume : je discutai les budgets de

1814, 1815 et 1816; je démontrai qu'ils étaient basés sur les plans de la révolution, qu'ils produiraient nécessairement l'augmentation du déficit, celui de la dette, et le forcement des taxes. Je fis voir, par la comparaison de l'Angleterre, que notre système, si différent du sien, opprimerait la liberté et l'industrie. L'expérience des trois dernières années a trop malheureusement confirmé mes assertions.

Aujourd'hui l'on va discuter le budget de 1817, et je crois de mon devoir de prouver qu'il est contraire à tous les intérêts de la monarchie. Faites mieux, dira-t-on peut-être : cela n'est pas facile dans un pays où l'on voit avec une surprise de tous les instans, que les hommes qui ont si mal conduit la révolution, veulent conduire la restauration, et que les ministres imaginent de se soutenir dans le même chemin où leurs prédécesseurs ont été si souvent renversés, dans ce chemin où le bras de fer de Buonaparte a fléchi (1).

Il ne s'agit plus d'un mal passager, il s'agit de toute notre existence. Nos maux sont grands, sans doute, mais ils ne sont pas sans remède; il est plus facile, quoiqu'on en dise, de le trouver que de l'appliquer. La principale difficulté vient de l'influence de quelques intérêts personnels : on ne pourra vaincre cet obstacle tant que le Gouvernement constitutionnel ne sera pas complètement

---

(1) Les anciens partisans de Buonaparte disent souvent que sa puissance n'a été détruite que par force majeure, et que les différentes parties de son gouvernement étaient très-bien combinées. C'est leur dernière excuse ; ils ne veulent pas voir que cette puissance colossale allait crouler par ses fautes ; elle avait trois plaies mortelles : son immoralité, la balance du commerce, le désordre des finances. Ces plaies augmentaient nécessairement tous les jours, et les conquêtes, les confiscations, les rapines n'étaient que des palliatifs qui devaient hâter la fin de la tyrannie.

en action. Jusque-là, la force des choses agira tantôt contre le fort, tantôt contre le faible, et le hasard décidera comme par le passé.

On ne suivra point les principes que je rappelle, j'en suis à peu près sûr; mais je suis encore plus certain que si l'on ne se hâte pas d'extirper les abus, les désordres qui ont produit toutes les révolutions dont nous avons été les témoins et les victimes, produiront bientôt de nouvelles commotions.

EXAMEN
DU BUDGET
PROPOSÉ

PAR LE MINISTRE DES FINANCES,

POUR L'ANNÉE 1817.

———

Depuis long-temps les finances du royaume sont en désordre. Il semble que l'on ait oublié les principes à l'aide desquels Henri IV et Sully réparèrent des maux plus grands que les nôtres (1). Cependant ces principes sont appli-

———

(1) Lorsque le duc de Sully parvint à la surintendance, presque tous les revenus de l'Etat étaient engagés; les gouverneurs particuliers se croyaient indépendans; les troupes pillaient les provinces; les terres étaient incultes, les grandes manufactures n'existaient pas; le commerce extérieur était nul, et les traitans ne voulaient plus prêter. Dans cette situation désespérée, Sully dégagea successivement les revenus par des économies, paya les dettes, qui s'élevaient à plus de 600 millions valeur actuelle, rétablit l'agriculture, et par-

cables à toutes les époques. *Economie dans les dépenses, suppression graduelle des agens inutiles, faveur à l'agriculture, aux manufactures, au commerce, à la circulation;* voilà tout le système de ces hommes immortels, système remplacé de nos jours par les confiscations, l'agiotage, les prohibitions, les arriérés, les anticipations, les liquidations obscures et les banqueroutes (1).

---

vint à amasser trente millions, qui, par la différence de la valeur du marc d'argent, vaudraient plus de cent millions de notre monnaie.

(1) Il peut être utile de rappeler ici ce que l'on a fait en finances depuis 1789.

On a vu d'abord paraître le fameux projet de payer les dettes de l'Etat avec nos boucles de soulier, puis avec les dons patriotiques. Les assignats sont venus ensuite. Après les assignats, les confiscations, les emprunts forcés, les mandats, la banqueroute de fructidor et les billets du syndicat. On avait en outre établi des commissions de liquidation qui ne liquidaient point, et une caisse d'amortissement qui n'a produit que des dettes. Ces moyens ayant porté les plus rudes atteintes à la fortune publique, on a saisi les biens des communes et doublé les taxes directes par des centimes additionnels. Aussitôt il en est résulté des pertes immenses sur les consommations, et la baisse la plus funeste de la valeur vénale du territoire.

On devait croire, au moment de la restauration, que

On aura peine à croire un jour que les ministres qui se sont succédés en France depuis plus de trente ans, aient marché constamment par des voies opposées à celles qu'indiquent la raison, l'expérience, les besoins publics, et qu'ils aient toujours employé des moyens contraires à ceux des gouvernemens qui ont fait de véritables progrès dans la science financière!

les ministres du Roi se hâteraient de remédier à ces maux en favorisant l'agriculture, les manufactures et le commerce; l'expérience du passé devait leur dire que la trésorerie ne peut être riche quand les sujets sont pauvres, et qu'il fallait leur permettre de s'enrichir pour affermir toutes les parties du Gouvernement. Au lieu de s'attacher à ces idées, on s'est jeté plus que jamais dans l'agiotage; nous avons vu paraître successivement des bons royaux, qu'il a fallu se hâter de retirer pour arrêter leur dépréciation. On a fait des ventes de bois *contre numéraire*, qui ont à peine égalé la valeur des coupes; des augmentations de taxes qui ont produit un nouveau déficit; des créations de rentes qui ont favorisé l'usure; des emprunts à terme *sans autorisation;* enfin l'on a forcé les cautionnemens, attaqué les consignations!!! Aujourd'hui l'on parle de nouvelles inscriptions, d'un emprunt chez l'étranger, et de la vente, *toujours contre numéraire*, du reste des forêts. J'oublie peut-être quelque chose dans cette longue liste de fautes; mais telle qu'elle est, elle doit donner une idée assez exacte de l'incapacité de nos financiers.

Quelles sont les causes de tant d'erreurs, de
tant de fautes? La France entière répondra
que ces maux dérivent du pouvoir absolu des
ministres, des séductions dont ils sont en-
tourés par les hommes qui profitent des abus,
et de l'impossibilité de réprimer ces hommes
sans une sage liberté de la presse.

En vain on nous promet, chaque année, un
meilleur avenir; les taxes augmentent tous les
jours; ce *ne sont* plus des millions que l'on
demande au peuple français, c'est plus d'un
milliard! Une longue expérience a cependant
prouvé que le système actuel des contributions du royaume ne pouvait produire plus de
5oo millions par an. Sous le ministère de
M. Necker, la France ne payait que 585 millions, y compris les frais de perception, les
corvées, les apanages, etc.; elle possédait alors
deux millards et demi de numéraire, une immense quantité de valeurs en papier de commerce, et de superbes colonies; aujourd'hui
que nous avons perdu la majeure partie de ces
avantages, les ministres proposent un budget
*d'un milliard quatre-vingt-huit millions deux
cent quatre-vingt-quatorze mille, neuf cent
cinquante-sept francs :* sans compter les droits
des percepteurs, receveurs, régisseurs, ad-

ministrateurs, porteurs de contraintes, gref-
fiers, etc. etc.; sans compter les amendes, les
capitulations secrètes et les recettes destinées
aux dépenses locales, objets qui, réunis, s'élè-
vent annuellement à plus de 200 millions.

On doit s'attendre ici aux objections des
hommes qui dirigent les affaires publiques.
Voyez, diront-ils, la difficulté des circonstances, l'interruption du commerce, notre plus
belle colonie révoltée, la masse énorme des
demi-soldes, enfin des subsides immenses à
payer aux alliés. Sans doute tout cela est très-
onéreux ; mais ces maux ne tirent-ils pas leur
origine des intérêts que l'on veut protéger? A-
t-on fait un bon usage des ressources qui nous
restaient ? Les ménage-t-on mieux aujourd'hui?
En vain le Roi recommande l'économie , en
vain la nation montre par sa misère qu'elle ne
peut plus supporter des taxes à peu près dou-
bles de celles qu'elle payait en 1788. On persiste
à soutenir un système *qui a tout à la fois l'inconvénient de ruiner l'industrie , d'augmenter
les dettes, et de ne fournir au trésor que des
ressources insuffisantes.*

La censure est facile, dira-t-on ; mais quels
sont les moyens de mieux faire! Je les dirai
bientôt; mais ici trois questions se présentent.

1° Les besoins de l'année 1817 sont-ils aussi grands que le prétendent les ministres?

2° Les moyens qu'ils proposent pour pourvoir au service public sont-ils les plus propres à ménager les intérêts de la trésorerie et ceux des contribuables?

3° Peut-on remédier au désordre habituel des finances, sans l'exécution complète de la Charte?

Sur la première question, on ne doit se décider ni sur les demandes des différens ordonnateurs, ni sur les rapports qui viennent d'être faits à la Chambre des députés; il faut consulter, avant tout, l'état intérieur et extérieur de la France; on doit ensuite porter les yeux sur les dépenses précédentes du gouvernement, pour évaluer celles de l'année actuelle.

L'Europe a besoin de la paix. Cette paix si désirée repose aujourd'hui sur la légitimité, sur la sagesse des Souverains qui ont conquis leur repos, et sur la nécessité de réparer les maux de la guerre. Tout veut ainsi que cette paix s'affermisse par cette économie qui n'est prodigue que pour assurer les progrès des arts utiles.

D'après cet exposé, que dire des demandes des ministres de la guerre et de la marine,

de celles des ministres des finances, de la justice
et de l'intérieur ! ! On pourrait placer ici une
longue énumération de dépenses superflues ; la
commission du budget en a signalé une partie ;
mais quand même toutes les dépenses propo-
sées seraient utiles, il faudrait, dans la position
où nous sommes, les borner aux plus urgentes.
Il ne s'agit plus d'élever la recette aux niveau
des fantaisies, et de faire des créatures aux
ministres par la conservation de leurs nom-
breux agens ; il faut au contraire baisser les
dépenses au-dessous des recettes, afin de lais-
ser respirer le peuple français ; il faut lui permettre d'exercer ses facultés industrielles, pour
qu'il reprenne l'habitude des occupations paisi-
bles, et qu'il sente à chaque instant la différence
de l'autorité légitime à la tyrannie. Mais comment la nation pourra-t-elle jamais améliorer
son sort, si on exige d'elle des sacrifices toujours croissans ; si la trésorerie prétend absorber
le numéraire en circulation ? Voilà le tableau
que présente le budget proposé pour l'année
actuelle. On y voit une augmentation de plus
de 388 millions d'impôts, ou d'emprunts par
des créations de rentes, et que, distraction faite
des monnaies fabriquées aux effigies de la révolution en Hollande, en Italie, et de celles per-

dues pendant les campagnes d'Espagne et de Russie, le montant du budget de 1817 surpasserait la totalité des espèces existantes dans le royaume.

Je saïs que la diminution du numéraire dans un pays tel que la France, n'est pas un mal sans remède, et que l'on pourrait y lever des taxes supérieures à la masse des métaux circulans, si la circulation était libre et favorisée par le bon ordre des finances; mais dans la situation où se trouve la Monarchie, rien n'est plus inquiétant que cette demande énorme d'espèces.

Si je porte mes regards sur les dépenses publiques antérieures à la révolution, je vois que, malgré l'immensité de la dette, si cruellement réduite par la prétendue consolidation de fructidor, le Gouvernement royal, accusé de profusion, ne dépensait pas au-delà de 620 millions en temps de paix, et que plus du tiers de cette somme revenait aux pensionnaires et rentiers de l'État. La France avait alors une marine considérable, et une armée de 197 mille hommes de troupes de ligne.

Si je considère ensuite les dépenses du Directoire, et celles de l'an 8, fixées, par la loi du 19 nivose an ix, à 415 millions, je vois que ces dépenses n'ont été augmentées, d'après l'arrêté des consuls du 12 ventose de la même année, que de 87 millions à prendre par le ministre de la guerre, sur les contributions des pays étrangers. Les dépenses de l'an 9 et de l'an 10 n'ont pas été beaucoup plus considérables ; ce ne fut que lorsque le Gouvernement impérial se livra à la plus folle ambition, que l'entretien d'une innombrable armée dut augmenter les charges publiques. Les impôts ne s'accrurent même pas dans une égale proportion ; c'est une justice à rendre au ministre qui dirigeait alors les finances, il ménagea le territoire français ; l'excédant des dépenses fut supporté en grande partie par les pays conquis.

Depuis la restauration, le ministre du Roi, en proposant le budget de 1815, déclarait que les besoins pour cette même année étaient de 547,700,000 francs. Enfin, l'année dernière, on a demandé aux Chambres 800 millions, y compris le subside et l'entretien des troupes alliées. On doit conclure de ces faits que le budget de 1817 pourrait être réduit, sans inconvénient, à 800 millions (1), et qu'en suppo-

---

(1) Les ministres diront que c'est impossible, à cause du déficit des années précédentes, et du remboursement indispensable d'une partie des effets à terme de

sant que la moitié de cette somme fût absor-
bée par le subside, par l'entretien de l'armée
alliée et par les intérêts de la dette publique ;
il résulterait encore 400 millions pour les dépenses ordinaires du Gouvernement, *somme
très - supérieure à celle employée pour cet
objet, par aucune puissance de l'Europe.* Il
est donc évident que les besoins réels de cette
année sont moins grands que ne le pensent les
ministres. Voyons maintenant si les moyens
qu'ils proposent pour assurer le service public
sont compatibles avec les intérêts de la trésorerie et ceux des contribuables.

Il est nécessaire de rappeler d'abord les principes sur lesquels doit reposer une bonne administration des finances ; les Chambres jugeront
ensuite si les ministres marchent vers le but qu'il
faut atteindre.

Principes.

1°. L'administration des finances doit être

---

la trésorerie. Mais les économies raisonnables, mais les
bénéfices d'une meilleure circulation, mais l'augmentation de la valeur vénale du territoire ne présentent-
ils pas des ressources plus grandes, plus promptes,
plus sûres que des forcemens de taxes et des créations
de rentes ?

positive ; elle doit être délivrée de tous les agens
inutiles ; sa comptabilité doit être claire, indé-
pendante des ministres ;

2° Les dépenses de tous les ministères doivent être calculées d'après les facultés des contribuables ;

3° Les impôts ne doivent peser ni sur les personnes, ni sur les propriétés, ni sur les capitaux, ni sur l'industrie : ils ne doivent porter
que sur les facultés réelles des sujets ;

4° La consommation est la meilleure mesure
des facultés ;

5° La trésorerie doit favoriser la circulation,
en proportionnant les sorties aux rentrées, en
déplaçant le moins possible le numéraire, et en
laissant au public la facilité de mobiliser les valeurs à mesure des besoins.

N'ayant suivi aucun de ces principes, l'administration des finances est réduite à nous
avouer de nouveaux déficits sur les exercices de
1814, 1815 et sur celui de 1816 (1). Elle de-

_____

(1) On ne devait pas cumuler ainsi le déficit de ces
trois années. Les exercices de 1814 et de 1815 devraient
être réglés depuis long-temps, et celui de 1816 ne pouvait l'être en novembre de la même année, époque de la
présentation du budget de 1817 ; cette manière de présenter les choses doit renouveler sans cesse les abus.

mande pour cet objet un supplément de fonds de 83,051,150 francs 38 cent., sans compter 41,101,039 fr. 12 cent, classés dans l'arriéré, sans compter le capital des rentes créées en 1816, sans compter enfin le déficit que l'État peut éprouver sur les recettes arriérées de ces trois exercices!! Ces recettes arriérées forment seules, d'après l'énoncé du ministre des finances, une somme de 432,225,281 fr. Il déclare ensuite que les paiemens à faire se montent encore à 490,416,908 fr. 66 cent.

Après de tels aveux, je supprime toutes réflexions sur les éloges prodigués par le ministre à ses collaborateurs ; je me hâte de chercher comment il pourra fermer cet abîme.

Le premier moyen indiqué par le budget, c'est de respecter toutes les dispositions précédentes relatives aux créanciers de l'arriéré ; de déclarer que les reconnaissances de liquidation seront inscrites au grand livre dans l'espace de cinq ans, à commencer de 1821, et de donner à ces créanciers la liberté de disposer de leurs créances, sans être assujettis à d'autres formes que celles usitées pour les transmissions de propriétés mobiles.

Les Chambres peseront sans doute dans leur sagesse les inconvéniens qu'il peut y avoir à jeter

dans la circulation ces reconnaissances de liquidation *dont la masse n'est pas déterminée;* elles
préféreront peut-être à ce mode dangereux de
paiement, de supplier S. M. de faire présenter
une loi sur la liquidation générale des dettes des
différens ministères, pour que cette opération
importante acquière enfin la célérité, la publicité et l'exactitude que l'intérêt de l'État, ainsi
que celui des créanciers, exigent depuis si long-
temps. Au surplus, il est clair que la circulation des reconnaissances de liquidation, désirée
par le ministre, ne peut rien produire pour les
dépenses courantes;

2° Le second moyen est de porter aux recettes de la présente année, dix millions non
recouvrés sur l'affectation faite à l'exercice de
1816, des créances provenant de la vente des
biens des communes, de celles des bois et des
décomptes. Mais comment admettre cet apport
de dix millions des recettes de 1816, lorsque le
ministre annonce dans les pages précédentes que
les produits de cette même année seront insuf-
fisans pour acquitter ses charges? N'avons-nous
pas d'ailleurs à craindre que ce second moyen
ne devienne illusoire, par le déficit qu'éprouveront probablement quelques parties de l'immense
arriéré des recettes des trois derniers exercices?

3° Le troisième moyen consiste en cinq millions abandonnés pour les besoins publics par le Roi et sa famille, et dans une somme pareille destinée à des secours du même genre. Il n'y a ici que des actions de grâces à rendre à S. M. et aux princes de son auguste maison;

4° Le quatrième moyen résulte de la continuation de tous les impôts existans, de l'augmentation de plusieurs, et de l'établissement de quelques nouveaux droits; le tout évalué d'un produit de 759 millions. Il paraît difficile que l'on puisse lever une somme aussi considérable par des moyens qui n'ont jamais produit 600 millions effectifs, lorsque les contribuables sont épuisés par les sacrifices précédens, et lorsque l'intempérie des saisons a porté de si grands préjudices aux blés, aux vins, aux fourrages de l'année dernière. Il serait prudent de calculer d'avance les diminutions que doit éprouver le produit des taxes de 1817, et de songer à des moyens réels de remédier à ces diminutions. Cette mesure est d'autant plus urgente, qu'il ne paraît pas possible d'augmenter la contribution personnelle et les patentes, comme le demande le ministre, puisqu'il est reconnu que ces taxes sont celles qui présentent le plus de non-valeurs.

Les nouveaux droits proposés sur les huiles,
la bière et les voitures publiques, paraissent
avoir les mêmes inconvéniens; ils portent sur
les besoins d'un peuple appauvri, et le rédui-
raient à de nouvelles privations, sans avantage
notable pour le trésor. Il serait sûrement plus
sage de favoriser les consommations, en favorisant le travail, par des facilités que l'on peut
donner à la circulation;

5° Le dernier moyen du ministre est la créa-
tion de trente millions de nouvelles incriptions;
c'est dans cette espèce d'emprunt que réside
son espoir d'égaler les ressources aux besoins:
mais que deviendra cette espérance, si ces inscriptions ne peuvent se vendre qu'à vil prix!
Personne n'ignore que leur multiplication en
diminue la valeur sur la place; et puis où trou-
vera-t-on des acheteurs, lorsqu'il n'y a point de
capitaux libres; lorsque la trésorerie absorbe
les fonds des capitalistes par des emprunts à
terme; lors enfin que les plus belles terres, les
plus belles maisons, les meilleurs contrats ne
peuvent généralement s'aliéner qu'au-dessous
de leur valeur?

Que deviendra le service public, si cette res-
source, que le ministre évalue probablement
de 320 à 330 millions, ne produit, par la baisse

possible des effets, que 200 millions, peut-
être moins; et si cet appel usuraire sur la place
de Paris porte de nouveaux coups aux manufactures, au commerce, à la valeur vénale du territoire, et par suite diminue encore les produits
du timbre, de l'enregistrement et des impôts
sur les consommations? Qui pourra alors assurer les paiemens les plus légitimes? à quel intérêt se portera l'emprunt fait au moyen de ces
inscriptions, si l'on y réunit l'ensemble de ces
pertes? Pourra-t-on encore augmenter les arriérés, les anticipations, les négociations, les cautionnemens, les retenues? Ces funestes moyens
ne sont-ils pas à leur dernier terme? Dira-t-on
que les banquiers anglais ou hollandais achète-
ront ces rentes? Trop déplorable espoir dont le
résultat serait de nous rendre tributaire de l'é-
tranger pour 30 millions de plus chaque année!
Quelle comptabilité pourrait d'ailleurs s'établir
sur des opérations de bourse, qu'il est si facile
de déguiser? Quel est l'administrateur qui vou-
drait compromettre ainsi sa responsabilité?

Les ministres prétendent soutenir leur système par une caisse d'amortissement, à laquelle
ils veulent affecter un revenu de 40 millions.

Ce n'est pas la première fois que l'on a ima-
giné, en France, d'amortir la dette publique,

sans considérer l'état de la circulation, ni la matière imposable, ni les causes qui gênent l'industrie. On nous a toujours cité le crédit de l'Angleterre; et les hommes qui aspiraient si vainement à fonder celui de la France, ne voyaient pas que le fonds d'amortissement anglais est soutenu par un excédent de capital que l'agriculture, les manufactures et le commerce ne pourraient occuper, et que, dans l'empire britannique, le crédit repose principalement sur la liberté des personnes, sur celle de la presse, sur la sûreté des propriétés, sur la responsabilité *effective* des ministres. Comme nos lois sont fort différentes sur tous ces points, nos caisses d'amortissement n'ont jamais rien amorti, et le crédit du Gouvernement n'a été soutenu *que par l'usure* (1).

---

(1) Le crédit de la France, a dit un membre de la Chambre des pairs, est mieux fondé que celui d'aucun peuple, puisque lorsque les alliés seront retirés, nous aurons un excédent de recette de plus de 300 millions.

Le crédit existe, dit un autre écrivain, puisque l'on vend tous les jours des inscriptions, et que l'on négocie des effets de la caisse de service.

Il faut établir le crédit par la fidélité, dit un ancien ministre. Je réponds au premier que, dans le système actuel, le déficit s'accroît sans cesse, qu'il excède aujourd'hui 200 millions par an, et que lorsque l'on

2

Je dois ajouter une réflexion. Les budgets, les comptes des ministres prouvent, chaque année,

---

aura créé pour 120 millions de nouvelles rentes en quatre ans, comme on nous l'annonce, il est très-évident que la totalité du déficit sera plus forte que les subsides que nous payons maintenant.

Je réponds au second que le crédit existant n'est que de l'usure, puisque l'on place jusqu'à quinze pour cent en effets sur le trésor; que rien n'est plus contraire à la prospérité nationale, et que si ce crédit continue quatre ans, nous serons tout à fait insolvables.

Je dis enfin à l'ancien ministre, que l'inutilité de ses tentatives et sa fidélité ont dû lui prouver que le crédit ne peut s'établir que lorsqu'il y a capital abondant, circulation facile, responsabilité, etc. etc. etc.

D'où je conclus que l'on a tort de craindre que notre crédit ne s'effarouche du discours de M. de Villèle, sur l'indispensable nécessité des réformes et des économies. Ce discours paraît avoir porté l'effroi dans l'armée de la bureaucratie; on cherche à en atténuer l'effet en assurant que toutes les économies possibles ne dépasseraient pas *quatorze millions*. Cependant M. le directeur des contributions indirectes, qui a fait cette étrange déclaration à la Chambre des députés, n'ignore pas que son administration coûte seule au-delà de vingt millions, et que l'on avait même reconnu naguère que ses frais s'élevaient à plus de 33. Si M. le directeur avait considéré l'ensemble et les détails de l'administration du royaume, il se serait convaincu que l'on peut *l'améliorer beaucoup et promptement*, en diminuant

que les revenus de l'État n'ont point acquitté
ses dépenses. Si l'on diminue encore ces revenus par des affectations à la caisse d'amortissement, le déficit sera augmenté d'autant. Pour
combler ce nouveau déficit, il faudra emprunter
par des anticipations ou de nouvelles inscriptions, et l'on sait que ce genre d'emprunt est
le plus onéreux. Il arrivera donc que pendant
que la caisse amortira avec un bénéfice quel-
conque, la trésorerie empruntera avec une
perte au moins égale : il n'y a donc aucun
avantage pour elle dans cette opération, tandis
que la perte est immense pour le public, puisqu'indépendamment des salaires des adminis-
trateurs et des commis de la caisse, les 40 millions enlevés pour elle chaque année à l'agriculture, aux manufactures et au commerce,
produiraient une stagnation encore plus dan-
gereuse que les profits particuliers de cet agiotage. L'amortissement, dit-on, est établi pour
soutenir l'honneur de nos effets. Ne les multi-
pliés donc pas hors de toute mesure, et cher-

---

les charges du peuple de *plus de trois cents millions*
par an. Les économies, et sur-tout la simplification des
rouages ministériels, ne sont donc pas des choses que
l'on puisse dédaigner.

chez dans un meilleur système de véritables moyens de remplir les engagemens du trésor. Qui ne voit pas qu'avec des forcemens de taxe, avec des centimes sans nombre, des ventes de bois contre numéraire et des emprunts à 15 ou 20 pour cent, vous devez nécessairement achever de détruire la richesse publique et privée ?

Je viens d'examiner les moyens proposés par les ministres. L'expérience du passé nous a dit tous les inconvéniens des idées qu'ils persistent à suivre, et combien elles diffèrent de celles des hommes illustres dont j'ai rappelé les succès en commençant cette discussion. Revenons donc franchement, pour sauver la patrie, aux principes de ces hommes magnanimes. Ce retour est-il possible, sans l'exécution entière de la Charte accordée par le Roi ? c'est la dernière question que je dois considérer.

Ouvrons les annales financières du royaume, nous verrons la plupart des ministres promettre chaque année des économies, des excédens de recette, des amortissemens, et l'année suivante, vous les entendrez parler d'augmentations de dépense, de nouvelles taxes et de déficit : encore aujourd'hui, le ministre des finances assure dans son rapport au Roi, que les recettes

ordinaires présenteront *un excédent de 74 millions*. Ces ministres étaient de bonne foi, je
veux le croire, mais ils étaient trompés, et devaient l'être. Comment, au milieu du tour-
billon des affaires, au milieu des intrigues qui
les environnent, auraient-ils distingué la vérité?
Qui aurait pu la dire, sans déplaire aux hommes
puissans qui vivent d'abus? Quel homme dans
l'isolement aurait assez de courage, de talent,
de persévérance, d'autorité pour faire triom-
pher toutes les idées utiles ? Ces efforts sont-ils
possibles, quand les ministres sont absolus?
Dans cet état de choses, on ajourne sans cesse
les changemens utiles, on décourage le public,
et le Gouvernement succombe sous les abus.

On répétera peut-être que les circonstances
n'ont pas permis de mieux faire; je suis loin
de le penser. Tous les maux qui nous arrivent
en finances avaient été prévus par des écrits
qui montraient la nécessité ainsi que la possibilité d'abandonner les doctrines de la révolution. Mais à quoi peuvent servir des brochures
que les ministres dédaignent, dont le public
n'est pas forcé de se souvenir, et que la plupart
des contribuables sont même hors d'état d'a-
cheter? Ce n'est que dans l'indépendance des
journaux, dans les habitudes des institutions

municipales que l'on peut trouver un juste contrepoids à l'autorité ministérielle. Par ces moyens, l'opinion publique est toujours sûre de se faire entendre, et les droits civils sont toujours garantis. Inutilement chercherait-on ailleurs cette balance qui fait respecter sans effort le pouvoir souverain, ainsi que les intérêts nationaux; on ne trouvera cette mesure que dans les libertés qui doivent résulter du Gouvernement constitutionnel. Jusqu'à ce que les Français soient en possession de tous les droits que leur assure la Charte, aucune amélioration réelle ne sera possible, aucun ministre ne pourra se promettre de ne pas être égaré ou entraîné.

Afin qu'il ne puisse rester aucun doute à ce sujet, considérons toutes les parties de la loi de finance présentée pour cette année; on y verra toutes les taxes de la révolution maintenues et forcées, les dépenses de tout genre accumulées, les conseils-généraux de département investis du droit d'établir à concurrence de cinq centimes additionnels aux contributions foncière, personnelle et mobiliaire de 1817; on y verra, j'ai peine à le dire, que le ministre propose de prolonger jusqu'au 1er janvier 1821, l'impôt le plus difficile à supporter, celui qui coûte le plus de frais de perception, celui qui donne lieu aux plus grands abus, en un mot, les droits-réunis, que l'on a promis si souvent de supprimer!! Si la justice des ministres avait pu être éclairée, les aurait-on déterminé à faire cette proposition? Pensera-t-on, en lisant les comptes qu'ils viennent de rendre, que plusieurs eussent excédé les immenses crédits qui leur étaient ouverts, et que l'on vit figurer dans ces comptes plusieurs articles qui s'y trouvent, si l'opinion publique avait pu défendre les ministres des piéges de leurs subordonnés (1)?

Non, jamais on ne fera cesser les abus en France, tant que les détails de l'administration ne seront pas soumis à la plus grande publicité. Jusque-là les désirs du Souverain, ceux de ses ministres et ceux des Chambres seront aisément trompés; jusque-là aucun ordre permanent ne pourra s'établir; l'État, au lieu de se libérer, s'endettera chaque jour davantage; la funeste influence des commis, des fournisseurs et des agioteurs se soutiendra; enfin, aucune tranquillité, aucune prospérité ne pourra être durable.

---

(1) Comme l'on ne doit s'occuper du passé que dans l'intérêt de l'avenir, je supprime ici le tableau de ces articles.

Cependant, si les ministres se déterminaient à favoriser l'industrie et la circulation par des économies, par des mesures vraiment libérales; s'ils daignaient écouter les conseils de leur propre expérience, ils surmonteraient facilement des obstacles qui, dans leur système actuel, ne peuvent produire que leur perte et celle de l'État.

Que ne doit pas attendre le peuple français du Roi qu'il a si long-temps rappelé par ses vœux! Que ne doit-on pas espérer d'un tel peuple et des ressources de notre patrie!

Ombre immortelle et chère, Henri, dont le nom fait la gloire de votre race et l'honneur de la France, du haut des cieux protégez cet empire, ne souffrez point que votre royaume soit la proie des factions, désarmez les ennemis de ce peuple qui vous fut confié, et que votre vœu pour le pauvre soit enfin accompli!

Ce vœu, ce bien-être des Français ne peut être oublié ni par les ministres ni par les Chambres : il est la règle de leurs devoirs.

Comme la commission du budget n'a proposé que de faibles palliatifs qui nous éloigneraient encore du but qu'il faut atteindre, je fais réimprimer le projet de loi que j'ai présenté en 1816. On trouvera peut-être, en le lisant, qu'il offre des moyens plus positifs que ceux que l'on préconise si malheureusement en France chaque année.

PROJET DE LOI

POUR LE RÉTABLISSEMENT DES FINANCES.

TITRE PREMIER.

De la composition de l'administration des finances.

Art. 1er. L'administration des finances est composée d'un conseil royal des finances, d'un directeur - général et d'une chambre des comptes.

Art. 2. Le conseil royal est formé de sept conseillers d'état et de quatorze maîtres des requêtes. Les conseillers d'état ont seuls voix délibérative ; les maîtres des requêtes assistent aux séances, et sont chargés de l'instruction des affaires.

Chaque conseiller d'état a pour adjoints deux de ces maîtres des requêtes. Toutes les parties de recettes sont divisées chaque année pour le travail entre les conseillers ; mais le conseil dé-

libère en commun, et tient registre de ses déli-
bérations.

Art. 3. Le conseil transmet ses délibéra-
tions au directeur-général, qui est tenu de les
renvoyer avec un avis motivé. Les rapports ne
peuvent être présentés au Roi, dans son conseil, que dans cet état.

Art. 4. Le directeur-général est chargé de
l'exécution de toutes les lois de finances, et de
veiller à tout ce qui concerne la recette et l'em-
ploi des deniers publics; il est également chargé
de la surveillance de tous les receveurs et comptables; enfin de tout ce qui concerne le service
général et particulier de la trésorerie : en conséquence, il est seul responsable.

Art. 5. La chambre des comptes est composée de magistrats nommés par le Roi, sur la
présentation du chancelier de France; elle est
chargée de l'appurement des comptes des receveurs et comptables, et de la vérification du
compte annuel des finances.

TITRE II.

Des recettes et dépenses.

Art. 1er. L'organisation des recettes sera
combinée de manière à ce que les impôts qui

portent actuellement sur les terres, sur les per-
-sonnes, sur les capitaux et sur l'industrie,
soient convertis graduellement *dans cette année
et dans les années suivantes,* en impôts sur les
facultés réelles.

Art. 2. Aucun impôt de faculté ne pourra
être établi d'une manière arbitraire, mais seulement d'après les règles ci-après indiquées.

Art. 3. Tous les arts et métiers sujets pré-
cédemment à patente, seront établis en corporations, sans privilége, par un commissaire du
Roi, dans chaque département. Ces corporations seront dirigées par des syndics et pru-
dhommes, qui assureront l'exécution des obligations et réglemens de la corporation (1).

Art. 4. Ces corporations seront divisées en
dix classes ; elles seront chargées, *par abonnement collectif,* de la levée des impôts de faculté,
qu'elles reporteront sur les consommateurs. La
répartition générale de ces impôts sera faite

---

(1) Des personnes mal instruites ayant prétendu que
ces corporations étaient contraires à la liberté, aux progrès de l'industrie, etc., etc., et qu'il faudrait un temps
infini pour les établir, j'ai joint un projet de loi pour
cet établissement, à l'ouvrage que j'ai publié sur le
budget de 1816. Je pense avoir répondu, par ce projet, à toutes les objections.

annuellement par les ministres, sous l'approbation royale et celle des Chambres. Ne pourront néanmoins lesdites corporations être contraintes à se charger de ladite perception ; dans le cas d'*un refus de leur part*, les préfets seront autorisés à faire adjuger la ferme du droit, d'après un tarif qui, dans ce cas, sera dressé par eux, et soumis préalablement à l'autorisation des ministres des finances et de l'intérieur.

Art. 5. La contribution foncière est réduite, pour l'année 1817, à la somme de 200 millions, *les centimes additionnels des contributions directes demeurent supprimés*, ci . . . . . . 200,000,000 fr.

La contribution personnelle et mobiliaire est réduite à. . . 27,000,000

L'impôt sur les portes et fenêtres sera remplacé provisoirement par une contribution sur la valeur locative des maisons ; cette contribution, portée au cinquième de cette valeur locative, sera de 30,000,000

Les patentes, la loterie, le droit de fabrication des monnaies sont supprimés, et rem-

D'autre part. . . , 257,000,000 fr.

placés par des impôts de faculté, levés d'après la base du trentième du revenu national, ci 170,000,000

L'enregistrement, le timbre et domaines demeurent évalués, conformément à l'estimation du ministre, en 1816, à (1) 136,000,000

Les bois de l'État sont estimés, jusqu'à ce qu'il en ait été disposé, pour un revenu de. . 20,000,000

Le produit des douanes sera fixé à 20 millions, par la réduction des tarifs, ci 20,000,000

Le droit sur les boissons, levé par l'abonnement des corporations, est fixé à 70,000,000

L'impôt sur le sel est fixé à *deux sous* la livre ; le produit de cet impôt est évalué 50,000,000

La taxe sur les tabacs ne pourra excéder. 40,000,000

---

(1) En 1817, le ministre évalue ce revenu à 140 millions.

D'autre part. . . , 763,000,000 fr.

La loterie sera réduite à quatre tirages par an ; ses bénéfices seront iversés dans la caisse des hôpitaux, ainsi que le produit de la taxe sur les billets de spectacle.

Les postes sont évaluées. . 12,000,000

La taxe sur les poudres et salpêtres sera bornée à. . . . 5oo,ooo

Le tarif des octrois sera diminué, de manière à fournir seulement à l'acquittement des dépenses des villes principales. Il ne sera rien perçu de cette manière pour la trésorerie.

Les recettes accidentelles sont évaluées. 3,000,000

Il sera perçu un droit de passe sur les routes et sur la navigation intérieure ; ce droit sera de (1) 21,5oo,ooo

TOTAL . . . . 8oo,ooo,ooo fr.

---

(1) J'ai démontré, en 1816, la possibilité d'établir ce droit presque sans frais,

Art. 6. Sur la totalité de ces produits, s'élevant à la somme de huit cent millions, il sera prélevé, par des crédits combinés avec les états de recette, une somme égale de 800 millions pour le paiement de toutes les dépenses publiques de l'année 1817 les crédits des ministres seront fixés en conséquence, et aucun d'eux ne pourra excéder le crédit qui lui sera ouvert.

En cas de besoins extraordinaires, une nouvelle demande de crédit sera adressée aux Chambres par les ministres.

TITRE III.

Dispositions générales.

Art. 1er. Les répartitions de la contribution foncière, de la contribution personnelle et mobiliaire, de l'impôt sur les maisons et d'une contribution accessoire pour les dépenses départementales, seront arrêtées dans le conseil d'état sur la proposition des ministres, pour le contingent de chaque département. Ce contingent sera ensuite réparti par les conseils-généraux de département et par les conseils d'arrondissement ; les quarante plus haut taxés seront adjoints pour cet effet à ces conseils. *En aucun cas, la contribution accessoire ne pourra être employée hors du département.*

Art. 2. Les traitemens fixes et remises des receveurs-généraux et particuliers, ainsi que les remises des percepteurs à vie seront diminués provisoirement d'un cinquième, et ces retenues seront ajoutées aux fonds destinés aux indemnités pour grêle, inondations ou incendies.

Art. 3. Le montant des dépenses communales sera réduit par les conseils d'arrondissement, réunis aux quarante plus haut taxés.

Art. 4. La contribution foncière et la contribution personnelle et mobiliaire seront supprimées, un tiers en 1818, un tiers en 1819, et le dernier tiers en 1820. L'administration du cadastre et celle des contributions directes sont, en conséquence, supprimées. Jusqu'à l'extinction définitive de ces taxes, les rôles, ainsi que ceux sur l'impôt des maisons, seront dressés par les maires, adjoints et secrétaires de la commune. Les réclamations seront jugées par le conseil de préfecture, après avoir pris l'avis des quarante plus haut taxés de la commune et du sous-préfet de l'arrondissement.

Art. 5. A mesure que les contributions directes s'éteindront, elles seront remplacées par

le développement de l'impôt de faculté, et par
les bonifications qu'éprouveront les produits du
timbre, ainsi que ceux de l'enregistrement;
mais sans que l'impôt de faculté puisse s'élever,
en aucun cas, à une somme supérieure au montant des taxes remplacées.

Art. 6. L'administration des droits-réunis
est supprimée; elle cessera toutes fonctions,
à compter du jour de l'établissement des corporations dans chaque département.

Art. 7. Il sera pourvu au remploi des em-
ployés réformés dans les différentes adminis-
trations, ou à la fixation de leurs pensions de
retraite, suivant leurs grades, leurs services et
l'ordre du tableau.

Art. 8. Les biens des communes actuellement existans, resteront en propriété auxdites
communes.

Art. 9. Tous les biens confisqués *qui se*
trouvent dans la main du Gouvernement, se-
ront restitués sans délai.

Art. 10. Les conseils-généraux de département, réunis aux quarante plus haut taxés;
dresseront l'état de toutes les contributions
extraordinaires exigées, sous quel titre que ce
soit, dans le courant des années 1814, 1815 et
1816. L'état circonstancié de ces contributions

3.

extraordinaires sera publié et affiché dans le chef-lieu de chaque arrondissement. Le compte du préfet sera adressé en double original au directeur-général des finances, ainsi qu'au ministre de l'intérieur.

Art. 11. L'état général des pensions sera imprimé chaque année, avec la date et les motifs du brevet. Cet état sera distribué en triple exemplaire aux membres des deux Chambres.

TITRE IV.

De la liquidation de l'arriéré.

Art. 1er. Il sera créé un bureau de liquidation générale pour constater et liquider la dette arriérée de tous les ministères.

Art. 2. Les opérations de ce bureau seront imprimées mois par mois; ses procès-verbaux seront distribués à la Chambre des pairs ainsi qu'à la Chambre des députés.

Art. 3. Les créanciers seront liquidés et payés par ordre de numéros, à moins d'empêchement; dans ce cas, les procès-verbaux feront mention des motifs pour lesquels la liquidation est ajournée.

Art. 4. Il sera pourvu au paiement de l'arriéré par des obligations de la trésorerie, portant cinq pour cent d'intérêt, à dater de l'ordonnance de liquidation.

Art. 5. Les bois de l'État, *distraction faite de ceux du clergé, de ceux attachés aux maisons royales, et des forêts particulièrement destinées au service de la marine,* seront mis en vente après estimation préalable. Cette estimation sera faite par trois experts assermentés, nommés dans chaque département; les procès-verbaux de ces estimations seront publiés, affichés et adressés en double original au directeur général des finances, et au bureau de la liquidation générale.

Art. 6. Dès que le dixième des créances composant l'arriéré sera liquidé, il sera procédé à l'adjudication d'une valeur correspondante en bois, *et les obligations du trésor seront seules admises en paiement;* le reste des bois sera vendu de la même manière, à fur et mesure de la liquidation générale.

TITRE V.

Caisse d'amortissement et de circulation.

Art. 1ᵉʳ. Il sera pourvu à l'établissement d'une

caisse d'amortissement pour le rachat des rentes transmissibles, pour le remboursement des cautionnemens dont les emplois pourraient vaquer ou être supprimés, et pour les services de fonds destinés à l'acquittement des dépenses extraordinaires.

Art. 2. Les fonds de cette caisse seront composés, 1° des extinctions des rentes viagères et pensions; 2° du prix des édifices appartenant au Gouvernement, qui seront jugés inutiles; 3° du mobilier de ces édifices et de celui qui sera jugé inutile dans les magasins et arsenaux; 4° de la valeur des bois de l'État; 5° du rachat des rentes foncières appartenant à l'État.

Art. 3. La caisse d'amortissement sera placée sous l'inspection du directeur général des finances, du chancelier de France, et d'une commission composée de cinq membres de la Chambre des députés, et de quatre membres de la Chambre des pairs.

Art. 4. Le directeur général des finances pourra, en vertu de la loi de finances de chaque année, donner en nantissement à la caisse d'amortissement des obligations des receveurs généraux, ou des inscriptions de rente en échange des obligations de la caisse.

Art. 5. Les opérations de la caisse d'amortissement seront publiées chaque année ; deux exemplaires de ce compte seront distribués à chaque membre des deux chambres.

Art. 6. Les obligations de la caisse seront reçues pour valeur nominales dans toutes les caisses publiques. Les porteurs de ces obligations auront également le droit de les convertir en inscriptions sur le grand-livre, au cours journalier des inscriptions.

Art. 7. Chaque année le budget présentera aux Chambres les moyens d'acquitter les obligations de la caisse qui seront restées en circulation.

Nota. Ce projet de loi combattrait le plupart des abus ; mais il ne peut les détruire s'il n'est pas soutenu par la liberté des journaux et la responsabilité des ministres.

FIN.

www.ingramcontent.com/pod-product-compliance
Lightning Source LLC
Chambersburg PA
CBHW060746280326
41934CB00010B/2382